Damian Hugo

Antwortschreiben Seiner hochfürstlichen Gnaden zu Speier,

an Seine Kurfürstliche Gnaden zu Mainz

In Betreff der Emser Punkte

Damian Hugo

Antwortschreiben Seiner hochfürstlichen Gnaden zu Speier, an Seine Kurfürstliche Gnaden zu Mainz
In Betreff der Emser Punkte

ISBN/EAN: 9783743661202

Hergestellt in Europa, USA, Kanada, Australien, Japan

Cover: Foto ©ninafisch / pixelio.de

Weitere Bücher finden Sie auf **www.hansebooks.com**

Antwortschreiben

Seiner

Hochfürstlichen Gnaden

zu Speier,

an Seine

Kurfürstliche Gnaden

zu Mainz,

In Betreff der Emser Punkten.

Mit zwey Beylagen.

Bruchsal, 1787.

Vorrede.

Kaum ist die kleine Druckschrift unter dem Titel: Resultat des Emser Kongresses von den vier deutschen Erzbischöffen unterzeichnet, sammt genehmigender Antwort Sr. Kaiserlichen Majestät in ächten Actenstücken im Anfange dieses Jahrs erschienen, so sind schon theils durch offentliche Schriften, theils durch einige Zeitungsblätter äusserst verwegene Gerüchte über die Gesinnungen, welche Se. Hochfürstl. Gnaden zu Speier wegen den Emser Kongreßpunkten gefasset haben, verbreitet worden.

Diese Ausstreuungen konnten keine andere Absicht haben, als vor der Hand Mißverstand zu erregen, und vielleicht das in Se. Hochfürstl. Gnaden gesetzte Vertrauen zum voraus zu vermindern, ehe noch Höchstdieselbe ihre aufrichtige Erklärung über einen jeden der betreffenden Gegenständen Sr. Kurfürstl. Gnaden zu Mainz freymüthig zu erkennen gegeben hatten.

Um aber das etwa gefaßte Vorurtheil auf einmal zu zerstäuben, so haben Höchstdieselbe kein Bedenken getragen, ihre offenherzige Gedanken in der Art, wie solche nebst den beygefügten Beweggrün-

Vorrede.

den mittelst einer besondern Zuschrift Sr. Kurfürstl. Gnaden zu Mainz eröffnet worden, dem Druck zu übergeben, und zur geschwinden Uibersicht die Emser Punkten selbst, wie sie Ihnen kommunicirt worden sind, beysetzen zu lassen.

Hiedurch wird derselben Mittheilung an die Herren Bischöffe Deutschlands, und an jene weltliche Reichsstände, in deren Lande sich die bischöflich=Speierische Diözes erstreckt, ungemein erleichtert, welches um so angenehmer ist, als Se. Kaiserl. Majestät bereits im vorigen Jahre nicht nur den vier Herren Erzbischöffen Deutschlands, sondern auch Sr. Hochfürstl. Gnaden zu Speier allergnädigst bemerket haben, daß ein gemeinsames Einverständniß zwischen den Herren Erz= und Suffraganbischöffen, und den betreffenden weltlichen Landesherren vorhergehen müsse.

Indessen glauben Se. Hochfürstl. Gnaden zu Speier sich das Zeugniß versprechen zu dörfen, daß Ihre Erklärungen nicht minder der katholischen Kirche so nöthige Erhaltung der Einigkeit, als auch das einzelne Wohl der Ihnen von Gott anvertrauten Kirche bezielen. Und ob es zwar bey jezigen Zeiten leicht denkbar ist, daß andere nicht durchaus einstimmiger Meynung seyn werden; so wünschen jedoch Dieselbe nichts mehr, als daß der beste Erfolg ihrer ungeheuchelten Denkungsart entsprechen möge.

Bruchsal den 18. Maj 1787.

Emser

Emſer Punkten.	Antwortſchreiben ꝛc.

Seine Kaiſerliche Majeſtät haben in dem allergnädigſten Schreiben an die vier Erzbiſchöffe des teutſchen Reiches zu Mainz, Trier, Kölln, und Salzburg vom 12 Oktob. 1785. dem geſammten Epiſcopate der teuſchen Kirche die huldreiche Zuſage gegeben, die biſchöflichen Rechte in ihren Sprengeln, als einen weſentlichen Theil zur guten Diſciplinarverfaſſung nicht allein aufrecht zu erhalten, ſondern auch beyzutragen, daß die Biſchöffe in alle diejenige Rechte, welche ſie durch unerlaubte, und ihrer Beſtimmung zuwiderge=

So wie ich Euer ꝛc. noch vor kurzem verſicheret, nehme ich nun keinen weitern Anſtand, meine Erklärung = und Geſinnungen über die in dem Emſer Kongreſſe verfaſten Punkten hochdenenſelben wirklich mitzutheilen. Ehe ich aber insbeſondere auf einen jeden derſelben meine Gedanken äußere, habe ich für nöthig befunden, einige allgemeine Bemerkungen, als wohin ich mich hernach öfters beziehen werde, voraus zu ſetzen.

Erſtens, wenn ich auch verſchiedenen Punkten, welche einen Bezug auf den Päbſt=

Emser Punkten.

gehende Vorfälle verlohren haben mögen, wieder nach der ursprünglich eingeführten, und durch Jahrhunderte beobachteten Ordnung eingesetzt würden.

Seine Kaiserl. Majestät haben hiedurch dem ganzen Reiche allerhöchst dero oberschutzherrliche Gesinnungen bekannt werden, und zugleich dem Päbstl. Stuhle erklären lassen, wie Allerhöchst Sie niemals gestatten könnten, daß die Erz- und Bischöffe im Reiche in ihren von Gott und der Kirche ihnen eingeräumten Diöcesanrechten gestöret würden.

Diese allerhöchste reichsoberhauptl. Zusage hat die vier Erzbischöffe aufgemuntert und bewogen, der pflichtmäßigen Sorgfalt, welche sie für ihre besondere, und die gesammte teutsche

Antwortschreiben ꝛc.

Päbstl. Stuhl haben, entweder ganz oder zum Theil und mit gewissen Einschränkungen meinen Beyfall ertheilen werde; so ist im allgemeinen meine Meinung, daß in Rucksicht derselben einzig der Weg zu gütlichen Verhandlungen und Vorstellungen bey dem römischen Hof eingeschlagen werden möge. Verschiedene Vorfälle versichern mich selbst, daß Se. jetzt regierende Päbstl. Heiligkeit billigen, und gerechten Begehren immer Gehör geben. Es ist dieses bekanntlich der Weg, welchen Se. jetzt regierende Kaiserl. Majestät allerhöchst angerathen haben, als Ihnen 1769. verschiedene Beschwerde, wovon mehrere in die Emser Punkten übertragen worden, vorgelegt wurden, welchen ferner die kaiserl. Wahl-

Emſer Punkten.	Antwortſchreiben ꝛc.
ſche Kirche tragen, das ſchon längſt erwartete Genügen zu leiſten, ſofort durch die Endesunterzeichnete vier Deputirten jene hauptſächliche biſchöfliche Rechte, in deren eigenmächtiger Ausübung ſie ſchon ſeit Jahrhunderte gehindert worden, zuſammentragen, und dieſelbe nach richtigen Grundſätzen in reife Ueberlegung ziehen zu laſſen.

Der römiſche Pabſt iſt und bleibt zwar immer der Oberaufſeher und Primas der ganzen Kirche, der Mittelpunkt der Einigkeit, und iſt von Gott mit der hiezu erforderlichen Jurisdiktion verſehen. Alle Katholiken müſſen ihm immer den kanoniſchen Gehorſam mit voller Ehrerbiethung leiſten.

Allein alle andere Vorzüge und Reſervationen, die | Wahlkapitulation Art. 14. §. 5. auszeichnet: und da der von dem göttlichen Stifter unſerer Religion eingeſetzte Primat von allen Katholiken ſowohl, als den Biſchöffen anerkannt wird; ſo meine ich, daß die demſelben gebührende Ruckſicht immer erſt vorzüglich dieſen Weg annehmlich machen ſollte, nebſt dem daß hiedurch vielen bedenklichen Folgen, die doch wenigſtens ihren guten Grund haben, am ſicherſten vorgebeugt werden möchte.

Ich kann zweytens hier zum voraus nicht unangemerkt laſſen, daß, gleichwie der Beſitz eines jeden Privatmannes allen natürlichen und poſitiven Geſetzen gemäß, wenn auch ein anderer gegen denſelben noch ſo vieles und gegründet ſcheinendes einwenden zu können |

Emſer Punkten.	**Antwortſchreiben ꝛc.**
die mit dieſem Primat in den erſten Jahrhunderten nicht verbunden, ſondern aus den nachherigen Iſidoriſchen Dekretalen zum offenbaren Nachtheil der Biſchöffe gefloſſen ſind, können itzt, wo die Unterſchiebung und Falſchheit derſelben hinreichend erprobet, und allgemein anerkannt iſt, in den Umfang dieſer Jurisdiction nicht gezogen werden; dieſe gehören vielmehr in die Klaſſe der Eingriffe der römiſchen Kurien, und die Biſchöffe ſind befugt, ſich ſelbſt in die eigene Ausübung der von Gott ihnen verliehenen Gewalt, beſonders, da keine dahin abzweckende Vorſtellungen bey dem Päbſtlichen Stuhle bis nun gewirket haben, unter dem allerhöchſten Schutze Sr. Kaiſerl. Majeſtät wieder einzuſetzen. Dar=	nen gedenket, in ſoweit geſichert iſt, daß der beſitzende nicht thatweiſe könne verdrungen werden; ſo bin ich allerdings eben auch der Meinung, daß der Beſitzſtand des Päbſtlichen Stuhls nach den Grundſätzen des Völker=allgemeinen Staats= und kirchlichen Rechts gewiß die nemliche Ruckſicht verdiene. Da nun in dieſem Falle, wenigſtens auſſer einem allgemeinen Konzilium, kein anderer Richter kann gedacht werden, ſo erhellet auch von daher, wie nothwendig der vorhin vorgeſchlagene Weg der gütlichen Unterhandlungen ſeyn möchte. Ich weiß zwar wohl, was dieſem Beſitzſtande des Päbſtl. Stuhls von finſtern Zeiten, irrigen Begriffen, falſchen Urkunden, Anmaſſungen und Eingriffen ꝛc. zum Theil ſelbſt

Emſer Punkten.	Antwortſchreiben ꝛc.
Darunter können und müſſen nachſtehende Grundſätze, und alle darinn einbegriffene ſichere Schlußfolgen gerechnet werden; als da ſind	ſelbſt in dem Eingange der Emſer Punkten entgegen geſetzt werde; allein, gleichwie ſolche Behauptungen niemand gegen ſeinen Mitburger zu faktiſchen Unternehmnngen, und dahin berechtigen, ihn ſogleich aus

I. ſeinem Beſitze zu werfen; ſo weiß ich auch nicht, wie doch ſo etwas gegen den Päbſtlichen Stuhl ohne alle Ruckſprache mit ihm Platz greifen könne. Wenn nun die nämliche Grundſätze und darauf ſich beziehende Verfahrungsart von Regenten unter ſich, von weltlichen Regenten und Reichsſtänden gegen Biſchöffe und die biſchöfliche Gerichtbarkeit, wie wie ſie in der Ausübung iſt, von Biſchöffen gegen Erzbiſchöffe, ſo wie der bekannte Weismann in ſeinen Bemerkungen über die Emſer Punkten bereits angedeutet, ſollten angewendet werden; ſo laſſen ſich die unausbleibliche Folgen hievon leichtlich überdenken.

Wenn drittens Gegenſtände mit in Ruckſicht kommen, welche durch öffentliche Verträge von dem ganzen Reiche feſtgeſetzt, oder worüber Reichsgeſetze, ihre authentiſche Auslegung, Ausdehnung oder Einſchränkung mit zur Sprache kommen, ſo fodert meine reichsſtändiſche Schuldigkeit für die Aufrechthaltung des

Antwowortschreiben ꝛc.

Reichssystems von selbsten, daß ich sie dem Ermessen des Reichs anheimweise, und eine weitere Erklärung ausser dem Reichstage und bey dem versammleten Reiche würde meines Erachtens hier ausser seinem Orte seyn; wobey ich aber, wenn etwa zu seiner Zeit diese Gegenstände in die gehörige Berathung auf dem Reichstage kommen sollten, dieselbe meinen Pflichten und Ueberzeugung nach, abzugeben nicht entstehen werde.

Es ist viertens meines Erachtens unumgänglich nöthig, daß ein jeder Bischof die gehörige Rucksicht auf die Lage seiner Dióces, welche nach der Verfassung Deutschlands so vielfältig ist, und die damit befangene weltliche Landesherren nehme. Mein Kirchensprengel erstreckt sich bekanntlich zum Theil in die königl. französische Souverainete, zum Theil in die Churpfälzische und Badische Lande. Mir scheint es ganz unläugbar zu seyn, daß weltliche Landesherren, wenn gewisse Grundsätze, und also auch die daraus gezogene Schlüsse unter Katholiken überhaupt annoch strittig sind, und noch vielmehr, wenn dieser Streit unter dem Oberhaupt und den Bischöffen obwaltet, wenn derselbe selbst die Unterthanen mitbetrifft, wenn die weltliche Landesherren noch dazu die zeitherige Verfassung ihren Unterthanen fürträglicher halten, sich in allen diesen Fällen von Bischöffen entgegen gesetzte Grundsätze bis zur Entscheidung der allgemeinen Kirche aufdringen zu lassen, durch keine Macht kön=

Antwortſchreiben ꝛc.

können gezwungen werden, und wenn man ſo etwas wider den Willen des Landesherrn durchzuſetzen ſuchen ſollte, ſo möchten Kolliſionen, welche am Ende der Biſchöflichen Gerichtbarkeit ſelbſt am ſchädlichſten ſind, daraus ſich ergeben, gleichwie dann Euer ꝛc. ſelbſt nicht miskennen werden, daß das neuerdings von Churpfalz angeſprochene Placitum territoriale bereits eine Folge hievon geweſen. Nach dieſen Vorausſetzungen halte ich

Emſer Punkten.	Antwortſchreiben ꝛc.
I.	**Ad I.**
Chriſtus der Stifter unſerer heiligen Kirche hat den Apoſteln und ihren Nachfolgern den Biſchöffen eine unbeſchränkte Gewalt, zu binden und zu löſen, für alle jene Fälle gegeben, wo es die Nothwendigkeit oder Nutzbarkeit ihrer Kirchen, oder der zu derſelben gehörigen Glaubigen immer erfodern mag, und es iſt: a) Nach der Natur der urſprünglichen Kirchenverfaſ=	Die Exemtionen betreffend ganz für angemeſſen und recht, daß der Clerus ſæcularis ſowohl als regularis in einer jeden Diöces ſeinem Biſchoffe untergeben ſeye, deſſen Aufſicht auch über die innere Ordensdiſciplin die jetzige Zeitläuften um ſo nöthiger machen. Es iſt eine Folge hievon, daß ſich Niemand mehr exempt nennen, oder auch einen unmittelbaren Re=

Emſer Punkten.	Antwortſchreiben ꝛc.
faſſung keinem Zweifel unterworfen, daß alle in den Kirchenſprengeln der Biſchöffe, wohnende Perſonen ohne Unterſchied im innerlichen= und äußerlichen Religionsweeſen denſelben untergeordnet ſeyn; dahero ſoll	Rekurs nach Rom nehmen ſolle. Hierüber alſo und daß der Päbſtl. Stuhl ſich die Einſchränkungen der Exemptionen auf dieſe Weiſe gefallen laſſe, könnten demſelben nach Maaßgab deſſen, was ich oben vorauß bemerket, die angemeſſene Vorſtellungen geſchehen. Inzwiſchen was die Abſchneidung aller Verbindung der Ordensſtänden mit ihren auswärtigen Oberen oder Generalkapiteln belanget, ſo iſt meines Erachtens ſo etwas in Deutſchland, wo ſo vielerley Staaten, in einem oder dem andern, zuweilen nur ein oder ſehr wenige Klöſter von dieſem oder jenem Orden ſich befinden, die nicht einmal in eine ſogenannte Provinz können zuſammen gebracht werden, nicht anderſt als mit der ſchier gänzlichen Zerrüt=
b) Allen Diöceſanen verbothen ſeyn, den Rekurs mit Vorbeygehung ihrer unmittelbaren geiſtlichen Oberhirten, nach Rom zu nehmen, indeſſen wird denſelben nicht benommen, in den von Rechtswegen dazu geeigneten Fällen ſich der Berufungsmittel ſtufenweis nach der hierarchiſchen Verfaſſung zu bedienen.	
c) Keine Exemptionen, weil ſie der Verwaltung des biſchöflichen Amts entgegen ſtehen, können ferner mehr Platz finden; jedoch mit Ausſchließung jener	

Emser Punkten.

ner corporum und Glieder, deren Exemption durch Kaiserl. Freyheitsbriefe bestättiget, und in dem Reiche allgemein anerkannt ist.

d) Keinem Mönchsorden soll hinfüro erlaubt seyn, den Namen Exempt in Hand- oder Druckschriften sich beyzulegen. Den Klostergeistlichen wird

e) Verbothen, Verordnungen, oder Bescheide von ihren Generalen, oder Generalkapiteln, auch sonstigen außer Deutschland wohnenden Obern, von deren Verbindung sie ein für allemal gänzlich losgesagt werden, anzunehmen, den General-Versammlungen beyzuwohnen, oder einen Geldbeytrag, unter was für einem Vorwande es immer seye, dahin abzuschicken.

II.

Antwortschreiben ꝛc.

rüttung verschiedener Orden ausführbar. Es würde hierinn ein Hauptstuck ihrer Verfassung geändert, und sie also ihrem gänzlichen Zerfall sehr nahe gebracht werden.

Die Lage meiner Diöces, allwo ich die wenigste Pfarreyen zu vergeben habe, gestattet mir auch nicht, so viel Weltpriester aufstellen zu können, welche die Seelsorge zu der öfters nöthigen Aushülfe erfodert; diese Lage kann ich nicht ändern, und da mir daher auch tüchtige Ordensgeistliche zu gedachter Aushülfe nöthig sind, so kann ich meines Orts in eine solche Umänderung derselben, welche ihren gänzlichen Verfall nach sich ziehen würde, nicht eingehen.

Ad II.

Emſer Punkten.

II.

Ein jeder Biſchoff kann, vermög der von Gott erhaltenen Gewalt zu binden und zu löſen, Geſetze geben, und in denſelben, aus zureichenden Urſachen diſpenſiren. Er allein kennet die Bedürfniſſe ſeiner Heerde, und die erfoderlichen Mittel, dieſelbe zu heben, und muß dahero in den beſonderen ſowohl als allgemeinen Kirchengeſetzen den Glaubigen einige Nachſicht auf eine beſtimmte Friſt, oder auch in ſolang geſtatten können, als Zeit und Umſtände es erfodern. Er iſt ſonach

a) Berechtiget, in dem allgemeinen Abſtinenzgeboth auf vorerwähnte Art zu diſpenſiren, wenn dieſe Diſpenz ſich auf öffentliche Nothwendig= oder Nutzbarkeit der ihm untergebenen Diö-

Antwortſchreiben ꝛc.

Ad II.

Die Diſpenſationen betreffend, ſo von den Biſchöffen in den Abſtinenz= und Faſtengebothen, Ehehinderniſſen, höheren Weihen und Ordensgelübden ertheilt werden ſollen, ſo hat auf meinen Befehl mein Vicariat in ſeiner Antwort vom 21. Julius 1785. an Euer ꝛc. Vicariat zu Mainz die Gründe bereits angeführt, aus welchen es weder räthlich, noch thunlich iſt, daß ohne allen Einfluß des allgemeinen Primas in dem Abſtinenzgeboth von einzelnen Biſchöffen diſpenſirt werden könne, oder ſolle. Es würde hiedurch die Einigkeit in einer wichtigen Diſciplinarſache ganz zerrüttet werden, und ich habe daher auf einen Mittelweg angetragen, daß nämlich die Abſtinenztäge

Emſer Punkten.

Diöceſanen gründet. Wie auch

b) In allen Ehehinderniſſen, ſo weit der heilige Stuhl zeither den Biſchöffen allgemeine Dispensvollmacht, oder auch zuweilen in einzelnen Fällen noch näherer Grade, nämlich in 2do gradu conſanguinitatis, und in 1mo & 2do gradu affinitatis Diſpenſen zu verleihen pflegte. Wobey es jedem Erz- und Biſchoffe frey bleibt, in vorkommenden bedenklichen Fällen ſich bey Sr. Päbſtlichen Heiligkeit Raths zu erholen. Weil aber

c) In dem dritten und vierten Grade der Conſanguinität und Affinität, auch der geiſtlichen Verwandtſchaft in den meiſten Fällen, und dem ſogenannten impedimento publicæ hone-

Antwortſchreiben ꝛc.

täge ihrer Anzahl nach geminderet, und insbeſondere der Samſtag in der Woche diſpenſiret, auch hierüber eine gemeinſchaftliche Vorſtellung dem Päbſtlichen Stuhle überreichet werden möge, welches ich dann wiederholter dafür halte, und mich übrigens auf gedachtes Schreiben beziehe.

Was die andere obengenannte Diſpenſationen belanget, ſo iſt der Päbſtliche Stuhl hierinn in dem offenbaren Beſitze, und ich bewerfe mich alſo noch auf jenes, was ich oben in Rückſicht deſſelben angemerket, mit dem Beyſatze: daß ich dem Geiſte der Kirchenſatzungen gar nicht angemeſſen halte, wenn dergleichen Diſpenſationen, wovon verſchiedene nur in höchſtſeltenen Fällen zeither ertheilt worden, gar

Emser Punkten.	Antwortschreiben ꝛc.
honestatis schier immerhin dispensirt wird, so könnte mit den übrigen Bischöffen näher überlegt werden, ob es nicht nützlicher seye, die ebenbenannte Impedimenta ganz aufzuheben. Imgleichen gehöret	zu sehr erleichteret, und also auch zu gemein werden sollten.

Ad III.

d) Auch zu der Gewalt eines jeden Bischoffes die Verbindlichkeiten, die aus den heiligen Weihen entspringen, aufzuheben, und werden die Erz- und Bischöffe diese Befugniß bey eintrettenden erheblichen und dringenden Ursachen in Ansehung der Sub- und Diakonen gebrauchen.

e) Die Ordensgeistliche von ihren feyerlichen Gelübden, wenn hinlängliche kanonische Ursachen vorhanden sind, loszusprechen, und zu verordnen, daß in allen Mannsklöstern diese Gelübde erst nach vollendetem fünf und zwanzigsten Jahre, in Weibsklöstern aber nach vollbrachtem vierzigsten Jahre abgelegt werden.

III.

| Emſer Punkten. | Antwortſchreiben ꝛc. |

III.

Die Erfahrung lehret, daß auch die beſten Abſichten mancher milden Stiftungen bey veränderten Zeitläuften entweder gar nicht mehr, oder nicht ſo, wie Anfangs erreichet werden können. Die Biſchöffe ſind befugt, in dieſen Fällen, zum Beſten der Religion, oder des gemeinen Weſens eine fromme Stiftung in eine andere, die dem Hauptzwecke gemäßer, und den wirklichen Bedürfniſſen angemeſſener iſt, zu verändern.

Ad III.

Daß der Biſchoff allein nach ſeinem Gutdünken fromme Stiftungen ſolle abändern können, halte ich nicht für rathſam. Daß es bey Stiftungen in einem fremden Landesbezirke mit Ausſchluß der Landesherren, oder auch auf ſeine Art mit Vorbeygehung Ihrer Kaiſerl. Majeſtät ſollte geſchehen können, kann ohnedem nach dem neueſten Beyſpiele zu Mainz die Meynung nicht ſeyn; daß es aber auch der Biſchoff ohne Einwilligung des Römiſchen Stuhls ſolle thun können, iſt eine Gelegenheit, ſolche Stiftungen

IV.

nach willkürlichem Ermeſſen in andere umzuſtalten, die etwa zwar nach dem Gutdünken des Biſchoffs, nicht aber anderer dabey ganz und gar nicht befangener, und alſo mehr unpartheyiſch urtheilender beſſer ſeyn ſollen. Ich ſelbſten würde ſehr großes Bedenken haben, einige Stiftungen, die ich theils in meinem Lande gemacht, oder noch zu machen gedenke, zu errichten, wenn ich zum voraus wissen sollte, daß mein Nachfolger solche nach seinem Eigendünkel wiederum abändern könnte. Das nämliche würde von anderen, wes Standes sie seyen, zu befahren seyn, daß sie nämlich durch diese in die Hände des alleinigen Bischoffs gelegte Macht von allen solchen ferneren Stiftungen würden abgeschreckt werden. Hieraus ergiebt sich nun

Emser Punkten. | **Antwortschreiben ꝛc.**

IV.

Dieses vorausgesetzt, werden

a) Die sogenannten Facultates quinquennales hinfüro von dem Römischen Hofe nicht mehr begehrt, sondern in den darinn enthaltenen Fällen, die erfoderlichen Dispensen, wenn kanonische Beweggründe im Mittel liegen, vom Bischoffe ertheilt.

Jene Dispensen, die auswärtig erlangt werden, sollen kraftlos seyn.

b) Auch

Ad IV.

Daß die Anverlangung und Ertheilung der Römischen Fakultäten nicht gänzlich aufhören könne, wohl aber könnte ad a) von dem Römischen Hofe verlangt werden, daß die Fakultäten auf eine mehr dem Bischöflichen Ansehen angemessene Art, und zwar ein für allemal auf die Zeit der Lebenstäge, oder persönlich ertheilt würden. Ad b & c) da der Päbstliche Stuhl die besondere Verhältnisse, Lage

Emſer Punkten.

b) Auch die übrigen Römiſchen Bullen, Breven, oder ſonſtige Päbſtliche Verfügungen verbinden ohne gehöriger Annahme der Biſchöffe nicht. Ohne dieſelbe ſollen

c) Auch die Erklärungen, Beſcheide, und Verordnungen der Römiſchen Congregationen, wie ſie immer genannt werden mögen, in Deutſchland nicht anerkannt werden. Eben ſo hören

d) Die Nuntiaturen in Zukunft völlig auf. Die Nuntii können nichts anderſt, als Päbſtliche Geſandten ſeyn, und dörfen nach der von Kaiſerl. Majeſtät unterm 12ten Oktober 1785. ertheilten allerhöchſten Erklärung, welche ſich auf die Kirchen= ſowohl, als Reichsfundamentalgeſetze gründet, keine Actus juris-

Antwortſchreiben ꝛc.

ge und Bedürfniſſen aller Kirchen in der Welt unmöglich wiſſen kann, ſo iſt es allerdings an dem, daß eine Römiſche Bulle, Breve, Erklärungen, Beſcheide, und Verordnungen der Römiſchen Congregationen keine verbindende Kraft haben, wenn ſie von dem Biſchoffe aus erheblichen Urſachen nicht angenommen, und verkündet worden, und könnte allerdings verlangt werden, daß hierauf zu Rom auch in dem gerichtlichen Verfahren die gehörige Rückſicht genommen werde. Ad d) Die Nuntiaturen betreffend, ſo haben Ihre Kaiſerl. Majeſtät ſelbſten in ihrem Reſcript vom 12ten Oktober 1785. ausdrücklich dieſelbe nicht nur als bloße politiſche Geſandten, ſondern auch als Abgeordnete des Kirchenoberhaupts

Emser Punkten.	Antwortschreiben ꝛc.
jurisdictionis voluntariæ, oder contentiosæ mehr ausüben. e) Die Amtsverrichtungen aller apostolischen Proto- und Notarien in Deutschland sollen ohne vorgängige Prüfung und Immatrikulation derselben bey den Bischöflichen Gerichten nicht mehr statt finden. Ein jeder Bischoff kann auch in seiner Diöces einige Notarios creiren. Diese Gewalt fällt aber bey den Ordensvorstehern, einige Notarien zu ihren Ordensverrichtungen zu machen, für die Zukunft gänzlich hinweg.	haupts anerkannt, in solchen Fällen, wo das Amt des Primas, Kraft dessen Einsetzung einzuwürken hat, wenn nun denenselben fernerhin nichts weiter übertragen wird, was der bischöflichen Jurisdictioni ordinariæ abbrüchig, sondern nur solche Reservaten betrifft, welche in Rücksicht des Päbstl. Stuhls annoch erkannt werden, und in Bezug auf dessen Besitzstand anerkannt werden sollten, so sehe ich nicht, wie man ihre gänzliche Aufhebung anverlangen, oder ihnen die Ausübung der nur auf die Päbstliche Reservaten einen Bezug habenden Gerichtsbarkeit ver-

V. sagen könne. Es scheint mir dieses um so ungezweifelter zu seyn, wenn ein weltlicher Hof die so geartete und bestimmte Nuntiaturgerichtsbarkeit zur Erleichterung seiner Unterthanen selbsten wünschet, und wenn er sonst die Bischöfliche Gerechtsame unbeeinträchtiget

lassen

Antwortschreiben ꝛc.

laſſen will, ſo wie es in Anſehung der Nuntiatur zu München, laut der Beylage, die Kurpfälziſche Regierung erkläret hat. Eben hieher paſſet, was ich oben bemerket, daß ein ſolcher Hof gegentheilige annoch ſtrittige Grundſätze ſich nicht werde aufdringen laſſen, und daß aus der hieraus nothwendig entſtehen müſſenden Kolliſion Folgen ſich ergeben möchten, welche auf der einen Seite einen, die auf der andern Seite etwa bezweckte Vortheile ganz überwiegenden Verluſt nach ſich ziehen dörften. Da mir ferner kein Reichsfundamentalgeſetz bekannt iſt, welches den Nuntiaturen platterdings alle Gerichtsbarkeit verbiethet, wohl aber ſolche, welche dieſelbe nur inner ihren Gränzen einſchränken, und keine Civilſachen von ihnen wollen angenommen wiſſen, ſo iſt die gänzliche Niederlegung aller Gerichtsbarkeit, ſie möchte Namen haben, wie ſie wollte, eine ausdehnende authentiſche Auslegund dieſer Reichsgeſetzen, welche unſtrittig dem ganzen Reiche zuſtehet, und von welcher auch Proteſtanten, welche in Rückſicht ihrer katholiſchen Unterthanen auch mitbetheiliget ſind, ſich nicht werden ausſchließen laſſen. Wenn man alſo auch dieſen Zweck zu erzielen, ſich beſtreben wollte; ſo halte ich dafür, daß ſo etwas ohne Mittheilnahm des ganzen Reichs nicht geſchehen möge, wo ich dann, wenn einmal dieſe ganze Sache bey dem Reichstage zur Sprache kommen ſollte, mir annoch das weitere zu erklären, vorbehalte,

Antwortschreiben ꝛc.

halte, daß ad e) die Proto- und Notarii apostolici bey den Bischöflichen Gerichten immatriculirt seyn sollen, wird meines Erachtens der Römische Hof ohne Schwierigkeit eingestehen. Einige Notarios zu creiren, wird von einem jeden Bischoffe abhangen; wie es dann auch allerdings billig ist, daß die sogenannte Ordensnotarii aufhören sollen.

Emser Punkten.	Antwortschreiben ꝛc.
V.	**Ad V.**
Es ist in der allgemeinen Gewalt des Bischoffs, in der Mehrheit der Präbenden zu dispensiren, und diese Dispens kann	Ist es allerdings dem Geiste der Kirchensatzungen angemessen, was die Emser Punkten von der Mehrheit der Präbenden enthalten, worüber ich noch unten, wo die Sprache von dem brevi eligibilitatis seyn wird, meine Gedanken äußern werde. Es sollte zu Rom allerdings nicht, als in dem wahren Falle des cap. de multa dispensirt werden; daß aber diese Dispensation dem Bischoffe hinfüro überlassen werde, halte
a) Nicht verliehen werden, es seye dann, daß der Fall des capituli de multa eintrette; indem es dem Geiste der Kirche, und der frommen Stifter ganz zuwider ist, daß ein Geistlicher, der kaum ein Beneficium zu versehen im Stande ist, zwey oder mehrere Präbenden genießen solle,	

Emſer Punkten.

ſolle, und ob dieſer caſus capituli wahrhaft da ſeye, darüber hat

b) Der Biſchoff in allen Stiftern zu erkennen, und iſt daher

c) Den Kapiteln verbothen, jemanden den Beſitz der zweyten Präbende in ſo lange zu ertheilen, bis denſelben die Erklärung des Biſchoffs von der ertheilten Diſpenſation zugekommen iſt. Liegen aber die Stifter in verſchiedenen Diözeſen, ſo ſoll der Biſchoff, unter deſſen Gewalt die zweyte Pfründe gelegen, die Bewegurſachen der nachgeſuchten Diſpenſation zu unterſuchen, und dieſe zu ertheilen haben, und ſo weiter.

VI.

Antwortſchreiben ꝛc.

halte ich um ſo weniger für die Kirchenzucht, und für die Ausrottung des hier offenbar eingeſchlichenen Mißbrauchs für räthlich, als gewiſſer ich überzeugt bin, daß hieburch nur noch mehreren ſolchen Diſpenſationen, welche der Biſchoff ſeinen Anverwandten, und aus vielfältigen Rückſichten auf ſeine Kapitularen, gewiſſe Familien, ſichere Verbindungen, anzuhoffende andere Vortheile, und ſo weiter ꝛc. nicht wohl abſchlagen kann, oder wird, Thür und Thor geöffnet werde. Vielmehr halte ich dafür, daß man dem Päbſtlichen Stuhle zweckmäßige Vorſtellungen machen ſollte, dieſe Diſpenſationen nicht anderſt, als nur in ſeltenen Fällen zu ertheilen: auch iſt darauf zu beſtehen, daß die Diſpen-

Antwortschreiben ꝛc.

spensationsbulle den Bischoffe, wo die zweyte Präbend gelegen ist, ehe sie zum Vollzug gebracht werde, zur Einsicht vorgelegt, von diesem die Beweggründe genau untersucht, auch der also dispensirte nicht eher zu dem Besitz seiner Präbend gelassen werde, bis der Bischoff die Wahrheit der Beweggründen wird befunden, und also die Vollstreckung der Bulle gestattet haben. Wenn er aber dieselbe aus erheblichen Gründen wird versagt haben: so ist zur Abschneidung aller sonst unübersehlicher Weiterungen hiebey fest zu setzen, daß alsdann kein weiterer Rekurs, weder an den Erzbischoff, noch sonsten wohin Platz haben solle.

Emser Punkten.	Antwortschreiben ꝛc.
VI.	**Ad VI. & VII.**
Gegen die Eingangs erwähnte, und durch die falschen Decretalen veranlaßte Neuerungen wurden zwar bald darauf von der deutschen Nation Klagen erhoben, und dieselbe suchte sich auch dagegen in den Kirchenversammlungen zu Kostnitz, Basel, und Trient Hülfe zu verschaffen. Allein die	Und zwar ad a) ist es die wahre und der Geschichte angemessene — wie auch durch die noch vorhandene Brevien des Pabsts Eugen des IV. außer allem Zweifel gesetzte Meynung, daß die Gültigkeit und Beobachtung der von der deutschen Nation mit gewissen Modificationen in dem Jahre 1439.

Emſer Punkten.	Antwortſchreiben ꝛc.
die zur Abhilf verfaßten Decreta Baſileenſia wurden nicht lang hernach in dem zu Aſchaffenburg eingegangenen Konkordat wieder beſchränkt, endlich gar obige Decreta ſowohl, als dieſes Konkordat, in einigen Punkten zum Nachtheil der deutſchen Nation unrichtig ausgelegt, und in mehreren ganz überſchritten; worüber die Kaiſer Friedrich III. Maximilian I. Karl V. ꝛc. auf den Reichstägen zu Nürnberg, Freyburg, Worms, Augsburg ꝛc. und vorher ſchon die Rheiniſche Geiſtlichkeit der drey Erzſtifter Namens der geſammten deutſchen Geiſtlichkeit öffentliche Beſchwerden geführet haben, "wie nemlich der Konkordaten, ſo zu Baſel zwiſchen dem Stuhl zu Rom und der deutſchen Nation auf-	1439. angenommenen Decreten des Conciliums zu Baſel, von dem apoſtoliſchen Stuhle durch einen wahren Vertrag der deutſchen Nation zugeſtanden werden, und alſo dieſe Decreten in der Regel die deutſche Conkordaten enthalten, wovon hernach die zu Aſchaffenburg errichtete, ſelbſt nach dem Buchſtaben derſelben, die Ausnahme machen, welches alſo auch meinen Beyfall hat. Unterdeſſen da Ad b & c) Die gedachte Aſchaffenburger Konkordaten eben auch ein öffentlicher Vertrag zwiſchen dem apoſtoliſchen Stuhle und der deutſchen Nation ſind, wovon ein Theil ohne die Einwilligung des andern nicht abgehen kann; ſo mag ich meines Orts nicht billigen, was in den

Emſer Punkten.

aufgerichtet, und beſchloſ=
ſen worden, in manigfäl=
tige Wege verbrochen wür=
den" von der noch immer=
währenden Fortdauer die=
ſer Beſchwerden zeugen das
Churkollegialſchreiben vom
19ten März 1764. an Se.
Kaiſerl. Majeſtät, die im
Jahre 1769. von den drey
geiſtlichen Kurfürſten zu
Koblenz zuſammengetrage=
ne Gravamina, und die
tägliche Erfahrung.

VII.

Zur einsweiligen Ab=
hilfe derſelben wird in der
allerehrerbiethigſten Zuver=
ſicht des nach etwaigen Er=
foderniß auch mit Nach=
druck anzuwendenden Kaiſl.
Schutz = und Schirmamtes
veſtgeſetzt:

a) Daß ſo lang die
Konkordaten noch beſtehen,
und von der Nation keine an=

Antwortſchreiben. ꝛc.

den Emſer Punkten von der
Extravag. execrabilis &
ad regimen geſagt wird.
So wie beyde in die Konkor=
daten aufgenommen ſind,
müſſen ſie, jedoch nach ih=
rem wahren Verſtand, wel=
chen deutſche Kanoniſten be=
reits genugſam erläutert ha=
ben, in ſolang in ihrer Gül=
tigkeit und Ausübung ver=
bleiben, bis auf eine rechts=
gültige Art dieſer Vertrag
wiederum aufgehoben, oder
abgeändert wird. Nach=
dem die Konkordaten auch
zugleich ein Reichsgrundge=
ſetz, und ein mit der gan=
zen Nation errichteter Ver=
trag ſind, ſo muß hiezu der
damal vorzüglich damit be=
theiligte katholiſche Reichs=
theil auf dem Reichstag mit
einſtimmen, und eben dieß
iſt von dem andern mitpa=
ciſcirenden Theile, dem apo=
ſtoliſchen Stuhle, gleicher=
maßen zu ſagen. Ad

Emſer Punkten.

andere Vorſehung geſche=
hen, die Decreta Baſi-
leenſia, wie ſie im Jahre
1439. unter König Albert
zu Mainz angenommen
worden, pro regula Con-
cordatorum, und die in
Concordia Aſchaffen-
burgenſi de Anno 1448.
dem päbſtlichen Stuhle
einsweilen bedungene Jura
pro exceptione a regula
zu halten.

b) Den deutſchen Kir=
chen der Kathedral = und
minderen Kapiteln, und
den einzelnen Patronen,
wird durch die Extrava-
gans *execrabilis* das Recht
nicht benommen, die Pfrün=
den, welche gemäß dieſer
Bulle ledig werden, zu ver=
geben, die erſte Pfründe
wird durch dieſe gar nicht
erlediget, wenn der Pfründ=
ner ein Domicellar iſt, oder
ſonſt eine zu ſeinem Unter=
halt

Antwortſchreiben ꝛc.

Ad d & e) Da nach
dem dürren Buchſtaben der
Concordaten ſelbſt keine neue
und andere Reſervationen
mehr Platz haben können,
als welche in denſelben be=
reits enthalten ſind; ſo folgt
auch von ſich, daß dieſes
durch keine Klauſulen, ſie
mögen Namen haben, wie
ſie wollen, erwirket werden
könne.

Ad f) Dem unbefan=
genen Publikum hat es auf=
fallend ſeyn müſſen, daß
die Verfaſſer der Emſer
Punkten, da ſie den Römi=
ſchen Hof ſonſt überall in
der zeitherigen Ausübung
gewiſſer Rechten zu been=
gen ſuchen, hier dennoch
ihm die Brevia eligibili-
tatis aus gewiſſen un=
ſchwer zu errathenden Rück=
ſichten bis zur allgemei=
nen nicht ſo leicht zu hof=
fenden Kirchenreformation
zu

Emser Punkten.

halt nicht hinreichende Präbende erhält.

c) Die Reservationen in der Extravagans *ad regimen* können in und für Deutschland nicht statt haben. Sie passen auf den Zustand der deutschen Kirche gar nicht, und sind deßwegen die darinn angezogene Fälle der Translation, Deposition, Privation ꝛc. auf dieselbe nicht anwendbar. In diesen Fällen gehöret noch zur Zeit nur die Bestättigung des neu erwählten nach Rom, die nie, als aus erheblichen kanonischen Gründen verweigert werden kann. Ein anderes ist jedoch mit jenen Provisionen, die etwa allein von der Freygebigkeit und Willkühr des apostolischen Stuhles abhangen.

d) Jene Klauseln haben keine Kraft, welche den indultis de retinendis digni-

Antwortschreiben ꝛc.

zu ertheilen belassen. Ich habe bereits angemerket, daß die Mehrheit der Bißthümer noch vielmehr als jene der simplen Präbenden dem Geiste der Kirchensatzungen entgegen seye. Die Bischöffe müssen vorzüglich wünschen, daß niemand nebst einem Erzbißthum auch noch mehrere Bißthümer besitze. Die ganz natürliche Folge ist, daß auch diese nach gewissen Grundsätzen behandelt werden, welche vielleicht die Bischöffe den Erzbischöffen nicht einraumen können, und welche den Bischöflichen Gerechtsamen nachtheilig sind, daß also auch diese nach und nach mehr Gefahr und Beeinträchtigung leiden müssen, wenn man auch nichts von politischen Rücksichten melden will: Z. B. in Absicht auf die (geschwindere Be-

Emser Punkten.

dignitatibus & beneficiis præhabitis beygesetzt zu werden pflegen, und die den Effectum reservationis weiter auch auf die künftige Fälle vacationis per obitum, noch suspendiren, und verschieben sollen.

e) Eben so unkräftig sind auch die von der Römischen Curie gegen die deutschen Freyheiten nach den Konkordaten eingeführte Reservationen. Jedoch können

f) Die Brevia eligibilitatis in den dazu geeigneten Fällen annoch so lang zu Rom impetrirt werden, bis durch eine allgemeine Kirchenreformation auch hierinn andere Vorsehung geschiehet.

VIII.

Antwortschreiben ꝛc.

Beförderung der Geschäfften, auch daß die Einkünfte und Produkten des Landes zum wahren augenscheinlichen Nutzen in demselben verbleiben, und verzehrt werden. Das Bischöfliche Interesse erfodert demnach vielmehr, daß dem Römischen Hofe Vorstellungen dahin gemacht werden, hinfüro kein solches Breve eligibilitatis mehr, als nur in einem ganz ausserordentlichen Falle, und nie auf ein Erz = und Bißthum zugleich zu ertheilen.

Da Euer ꝛc. meine Meynung ohne Rückhalt zu wissen ohne Zweifel verlangen, so habe ich auch kein Bedenken nehmen können, selbiges so wie in den übrigen Punkten, also auch in diesem zu thun.

Ad

Emſer Punkten.

VIII.

Damit die Erbfolge in den geiſtlichen Pfründen gänzlich vertilget werde, ſollen

a) Die Reſignationes in favorem, ſie ſeyen vere oder ficte tales, allenthalben in Deutſchland verworfen, und ſowohl von der Römiſchen Kurie, als von den Biſchöffen verbothen ſeyn. Sie müſſen ohne einigen Vorbehalt des Reſignanten dergeſtalt geſchehen, daß der Biſchoff, oder wem das Begebungsrecht zuſtehet, die freye Macht habe, die Pfründe, wem er wolle, zu verleihen.

b) Wollte dieſem unerachtet ein deutſcher Biſchoff die Reſignationen mancher Pfründen bey der Römiſchen Kurie noch geſchehen laſſen, ſo iſt er jedoch

Antwortſchreiben ꝛc.

Ad VIII.

Daß die Reſignationes in favorem ad a) eine Art erblicher Nachfolge in die geiſtliche Pfründen einführen, und alſo den kanoniſchen Satzungen nicht angemeſſen ſeyen, iſt auſſer Zweifel: es iſt daher ſehr erwünſchlich, daß ſie nicht ſo häufig und ohne alle Urſache angenommen, auch deſſentwegen dem päbſtlichen Stuhle Vorſtellungen gemacht werden; dieſelbe aber platterdings zu verwerfen, leidet die Lage meiner Diöces nicht, indem ſie nicht nur in Frankreich üblich ſind, ſondern nach den dortigen Grundſätzen auch ſogar zu Rom angenommen werden müſſen.

Ad b) Iſt eben ſo erwünſchlich, daß ſie wenigſt nicht anderſt, als mit dem Te-

Emſer Punkten.

doch nicht gehalten, eine Collation von daher anzunehmen, wenn nicht der Proviſus von ihm vorderſamſt das Teſtimonium idoneitatis, und zwar unter dem Ausdrucke der beſtimmten Pfründe erhalten hat. Dieſes darf über ſechs Monate vom Tage der Ausfertigung nicht alt ſeyn, und hängt die Verweigerung oder Verleihung deſſelben von dem alleinigen Paſtoralgutbefinden eines jeden Biſchoffs ab, worinn kein weiterer Rekurs ſtatt haben kann.

c) Der Reſignatarius iſt in dieſem Falle ſchuldig, die päbſtliche Collation in Zeit von drey Monaten dem Biſchoffe, in deſſen Kirchenſprengel die Pfründe gelegen, und dem Kapitel vorzulegen, anſonſten die Reſignation als nichtig

Antwortſchreiben ꝛc.

Teſtimonio idoneitatis des Biſchoffs ſollen angenommen, und alſo die Vorſtellungen mit auf dieſen Punkt gerichtet werden. Wie lang aber ein ſolches Teſtimonium idoneitatis gültig ſeyn ſolle, iſt meines Erachtens der Willkühr eines jeden Biſchoffs zu überlaſſen. Daß

Ad c) den Reſignatariis ſo wie es in den Konkordaten geſchehen, ebenfalls eine dreymonatliche Friſte anberaumet werde, binnen welcher ſie ihre Bulle vorlegen ſollen, iſt ganz billig, und daß

Ad d) Die unbedingte Reſignationen von einem jeden Biſchoffe angenommen werden können, iſt den allgemeinen Rechten gemäß; daß aber ſolche Benefizien nicht reſervirt ſeyen, iſt dem Sinne der Konkordaten

Emſer Punkten.

tig anzuſehen iſt; indeſſen ſind.

d) Die Biſchöffe befugt, die Reſignationen aller Benefizien ihres Kirchenſprengels, jedoch ohne Beeinträchtigung der Patronatsrechte in jedem Monate anzunehmen, und nach Verhältniß entweder zu begeben, oder als erlediget zu erklären.

IX.

Die Biſchöffe werden auch nicht geſtatten, daß zu Rom allenfalls ertheilte Coadjutorien auf Probſteyen, Dechaneyen, Perſonaten ꝛc. in Deutſchland von einiger Wirkung ſeyn.

X.

Antwortſchreiben ꝛc.

baten von daher ganz angemeſſen, da dieſelbe auch nicht einmal durch die ſogenannte Kanzley Regeln reſervirt waren; es kann alſo alles dieſes keinen Unſtand haben.

Ad IX.

Wenn von Coadjutorien die Rede iſt, welche ein Recht zur Nachfolge ertheilen ſollen; ſo iſt der Römiſche Stuhl in dem Beſitze, daß dieſes nicht ohne ſeine Einwilligung geſchehen ſolle. Hiezu aber ſollen ohne Zweifel kanoniſche Urſachen vorhanden ſeyn. Wenn nun noch auf dieſe Art Coadjutorien auf Erz- und Bißthümer Platz

Antwortschreiben. ꝛc.

Platz haben sollen, so sind sie um so weniger auf geringere Dignitäten gänzlich zu verdringen. Den Besitz des apostolischen Stuhls betreffend, beziehe ich mich auf dasjenige, was bereits mehrmalen von demselben gesagt worden, wobey es sich aber von selbsten verstehet, daß Niemand an seinem hiebey habenden etwaigen Collations-Ernennungs- oder Wahlrechte einige Beeinträchtigung geschehe.

Einser Punkten.	**Antwortschreiben ꝛc.**
X.	**Ad X.**
Die Dignitates post Pontificales in den Kathedral- und die Principales in den Kollegiatkirchen sind vermög der Konkordaten dem Päbstl. Stuhle nicht reservirt, und werden daher von jenen, denen es sonst zukömmt, im Erledigungsfalle wieder besetzet. Keine Römische Provision, oder Confirmation jener Pröbste, die zeither ex indulto papali gewählt worden, kann hierinn mehr statt haben.	Daß die Dignitates majores post Pontificales in den Kathedralstiftern, und Principales in den Kollegiatkirchen dem Buchstaben der Konkordaten, und den ganz gegründeten Auslegungsregeln derselben nach, nicht reservirt seyen, kann meiner Meynung nach ganz wohl behauptet werden. Bey jenen Stiftern also, wo noch der Besitz und Observanz dieser Meynung gemäß ist, ist

E

Antwortschreiben ꝛc.

ist allerdings darauf zu bestehen; unterdessen ist es bekannt, daß nachdem der Römische Hof den Konkordaten einen andern Sinn gegeben, er bey verschiedenen Stiftern eine gegentheilige Observanz, und eine Gattung von Verjährung für sich habe. Es ist ferner bekannt, daß nach dem Natur = allgemeinen Staats = und Völkerrecht dieser Rechtstitel der Verjährung wenigst, wenn nicht immer eine Gelegenheit zu allgemeinen Verwirrungen Platz haben solle, soviel wirken müsse, daß nicht sogleich mit Thathandlungen angefangen werde. Eben dieses halte ich auch hier dafür; daß bis etwa zur Ausfindigmachung eines beyden Theilen annehmlichen Mittelweges, welcher auch von berühmten deutschen Kanonisten bereits vorgeschlagen worden, und worauf in den zu machenden Vorstellungen etwa angetragen werden könnte, es noch zur Zeit bey der zeitherigen Observanz, die Ernennung zu solchen Dignitäten, oder die Konfirmation betreffend, zu verbleiben habe.

Emser Punkten.	Antwortschreiben ꝛc.
XI. Die Bischöffe werden auch den unabweichlichen Bedacht nehmen, daß a)	**Ad XI.** Daß nur fähige und verdiente Männer zu Benefizien befördert werden, hierauf ist ohne Zweifel ein vor=

| **Emser Punkten.** | **Antwortschreiben ꝛc.** |

a) Die geistliche Dignitäten und Benefizien in ihren Diözesen vom Römischen Hofe, so lang deutsche Benefizien von daher noch verliehen werden, nicht anders, als auf vorheriges oben schon erwähntes Zeugniß der Fähigkeit; sodann von andern Patronen, und besonders von ihnen selbst, keinem andern, als fähigen, würdigen und verdienstvollen Personen gegeben werden, vorzüglich aber solchen, welche sich der Seelsorge, oder dem Lehramte mit Nutzen lange Zeit gewidmet, und der Kirche, der sie inkorporirt sind, ersprießliche Dienste geleistet haben, oder noch leisten.

b) Die zur Erhaltung eines Benefiziums erfoderlichen Jahre wären nach der Eigenschaft des anzutrettenden Beneficii zu bestim=

vorzügliches Augenmerk zu nehmen. Meines Orts muß ich hier bemerken, daß Se. jetzt regierende Päpstliche Heiligkeit aus eben dem Grunde die von mir vorgeschlagene anderen Empfehlungen immer vorgezogen haben. Ich bin auch gar nicht entgegen, daß bey dem Päbstlichen Stuhle dahier angetragen werde, derselbe möge immerdar auf das Testimonium idoneitatis jenes Bischoffs, in dessen Diözes das Benefizium, so er in Kraft der Konkordaten zu vergeben hat, etwa gelegen, die gehörige Rücksicht nehmen; das erforderliche Alter betreffend, ist ohnedem in den gemeinen Rechten das nöthige Versehen, wobey es dann allerdings sein Bewenden haben kann.

E 2 Ad

Emser Punkten.

stimmen: Es müßte dahero ein jeder zu Erlangung einer Subdiakonat das 22te, einer Diakonat das 23te, und einer Priesterprábende das 25te Jahr angefangen haben.

XII.

Damit auch dergleichen Stifter, und andere Kirchen des nöthigen Dienstes ihrer Geistlichkeit nicht beraubet werden, so sollen jene Canonici und Pfründner, welche das gesetzliche Alter haben, binnen einem Jahre die erforderliche heilige Weihungen empfangen, und sich vorläufig in denen hiezu nöthigen Wissenschaften befähigen, sodann aber die nach Verhältniß der Pfründen ihnen zukommende Obliegenheiten verrichten, oder im Entstehungsfall soll der Bischoff

Antwortschreiben ꝛc.

Ad XII.

Daß jene, welchen keine Hinderniß entgegen stehet, die Residenz bey ihren Kirchen machen, und die dort erfoderliche Dienste thun sollen, hierauf pflegt selbst der Apostolische Stuhl in seinen Kollationsbullen vorzügliche Rucksicht zu nehmen, als in welchen eingeschaltet zu werden pflegt, daß jener, welcher inner zwey Monaten, wo er residiren kann, dannoch dieses sträflich verabsaumet, seines Benefiziums ipso jure & facto wiederum privirt seyn solle. Ich sehe ganz

Emser Punkten.	Antwortschreiben ꝛc.
schoff berechtiget seyn, wenn er die Säumige vorderſamſt gehörig ermahnt, die Präbende oder Pfründe nicht nur als erledigt zu erklären, ſondern auch, wo nicht ein Patronatrecht eintrit, auf der Stelle zu begeben, es ſeye dann, daß die Hinderniß nicht von Seiten des Pfründners, ſondern von der Pfründe ſelbſt herrühre.	ganz keine Urſache, warum man dieſen gegen ſo vielfältige Kirchenſatzungen freywillig ſich vergehenden Leuten die Zeitfriſt verlängern ſolle, und meyne alſo, man könnte es hierinn bey dem Innhalt der Päbſtlichen Bullen belaſſen, daß nach dem Ablauf von zwey Monaten die von dem Papſt erhaltene Präbend als erledigt angeſehen werden ſolle: es müßte dann ſeyn, daß der Biſchoff in Ruckſicht der von ihm ertheilten Präbenden und Benefizien eine andere Friſt in ſeinem Bißthum zu beſtimmen für räthlich finden ſollte, oder aus beſonderen Umſtänden auch in der bereits geſetzten Zeit zu diſpenſiren gedächte.
XIII.	**Ad XIII.**
Um endlich von den deutſchen Kirchen ausländiſche Kay-	Daß Auswärtige keine Benefizien in Deutſchland beſi-

Emser Punkten.	**Antwortschreiben ꝛc.**
Kandidaten abzuhalten, werden nach dem Beyspiele mehrerer deutschen Kirchen, alle, so nicht gebohrne Deutsche sind, zur Erhaltung einer Pfründe als unfähig erkläret, es sey dann, daß sie vorher der deutschen Nation wirklich einverleibt worden seyen, jedoch kann durch die letztere den allenfallsigen Statuten mancher Stifter nicht derogirt werden.	besitzen sollen, ist nach dem Beyspiele anderer Lande billig; unterdessen, wer als solcher anzusehen seye, oder nicht, wird von Kaiser und Reich abhangen, wobey ich die mir wegen meiner sich in die Königliche Französische Souverainete erstreckende Diözes nöthige Rucksicht vorbehalte.
XIV.	**Ad XIV.**
Ueber die Statuten der deutschen Kirchen können Römische Dispensationen nie Statt haben.	Wenn Statuten von dem Kaiser, Apostolischen Stuhle, oder Bischöffen bestättiget sind, so solle in denselben nicht dispensirt werden. Es ist aber meine Meynung nicht, daß dieses auch von andern Statuten verstanden werde, welchen dergleichen Bestättigung abgehet, welche vielmehr

XV.

Emſer Punkten.	**Antwortſchreiben ꝛc.**
	mehr ahndungswürdige Mißbräuche enthalten, oder begünſtigen, willkührliche Aenderungen der älteren Statuten einführen, oder gar die Biſchöfliche und Landesherrliche Gerechtſame begränzen wollen: dieſe ſind vielmehr als null und nichtig anzuſehen.
XV.	Ad XV.
Das den drey Erzbiſchöffen, und Kurfürſten des deutſchen Reiches gleich nach den Konkordaten ex pacto verliehene Indultum perpetuum in jenen Kirchen, wo die Alternativa menſium Statt hat, die in den ungleichen Monaten vakant werdenden Präbenden zu vergeben, iſt nicht nur von dem Römiſchen Hofe auf Jahre beſchränkt worden, ſondern derſelbe hat ſogar einige vermög die-	Dieſer Punkt mit ſeinen Unterabtheilungen

Ad a b & c.) betrifft eine Sache, die platterdings nur die Herren Erzbiſchöffe angehet. Unterdeſſen, da man hier Erzbiſchöflicher Seits ein ex pacto zuſtehen ſollendes Recht anſpricht, ſo wird doch dem ungeachtet beliebt, daß erſt Vorſtellungen hierinn an den Römiſchen Hof geſchehen ſollen, und ich meyne, daß alſo jenes, was ich |

Emſer Punkten.	Antwortſchreiben ꝛc.
dieſes Indulti den Erzbiſchöffen zukommende Monate in der Folge andern dem Erzbiſchoffe untergeordneten Corporibus in einem oder andern Erzbißthume verliehen; daher

a) Kaiſerliche Majeſtät zu erbitten wären, ſich bey Sr. Päbſtlichen Heiligkeit mit Nachdruck dahin zu verwenden, damit die gegen das obgemelte Pactum poſt concordata in ſolchem Erzbißthume an andere als den Erzbiſchoff zum Nachtheile des Indulti überlaſſene päbſtliche Monate wieder eingezogen, und vom Pabſte nur an den Erzbiſchoff zurückgegeben werden.

b) Das Indultum perpetuum iſt den Erzbiſchöffen gleich bey Antritt ihres Amts mit der Confirmationsbulle auszufertigen. Sollte aber in beyden | ich ſchon überhaupt von vorhergehenſollenden Vorſtellungen geſagt habe, hierdurch ſelbſt gebilliget werde. Ob aber und wie fern die Herren Erzbiſchöffe dahin genugſame Rechtsgründe haben mögen, den Päbſtlichen Stuhl wider ſeinen Willen zu vermögen, daß er ihnen ſogleich mit der Konfirmation ein Indultum perpetuum, auch mit Ausſchluß jener, welche zeither einen Antheil an dieſem Indult gehabt, ertheile, muß ich ihnen in einer die Biſchöffe nicht mit intereſſirenden Sache überlaſſen. Was aber

Ad d). Von der von einem Nationalconzilium wegen Aufhebung der Päbſtlichen Monaten zu ſchaffenden Abhilfe überhaupt geſagt wird, hierunter muß ich bemerken, daß, da ein Na- |

Emſer Punkten.

den vorſtehenden Punkten wider Vermuthen der Päbſtliche Hof ſich nicht willfährig bezeigen, ſo ſind

c) Die Erzbiſchöffe befugt, die Präbenden, die in den Päbſtlichen Monaten in Erledigung kommen, ohne weiteren Anſtand zu verleihen, und werden Se. Kaiſerl. Majeſtät allergnädigſt geruhen, die Erzbiſchöffe bey dieſem Rechte ſo, wie die dießfallſigen noch beſondere Erzbiſchäflich-Salzburgiſchen Befugniſſen, gegen alle Eingriffe reichsoberhauptlich zu ſchützen; da aber

d) Den Erz- und Biſchöffen Deutſchlandes zur ordentlichen Verwaltung ihrer Diözeſen die Vergebung der Benefizien nöthig iſt, und in den Konkordaten die ſechs Monate den Päbſten nicht auf ewig einge-

Antwortſchreiben ꝛc.

Nationalconzilium nur die Zuſammenkunft der Erz- und Biſchöffen vorausſetzet, die Koncordaten aber ein Vertrag mit der ganzen Nation ſind, dieſe Sache nicht ſowohl auf ein bloßes Nationalkonzilium, als den ganzen katholiſchen, die weltliche Reichsſtände mit begreifenden Reichstheil gehöre, wobey dann auch der andere mit paciscirende Theil, nemlich der apoſtoliſche Stuhl ebenfalls muß gehört werden, und einſeitig thatweis nichts geſchehen kann.

Emser Punkten.

geraumet sind, so wird auch hierinn auf dem hoffentlich bald zu Stande kommenden Nationalconzilium Abhilfe zu erwarten seyn.

XVI.

Die in den Konkordaten unbekannte, und durch die Kurialisten nachher in die Indulta eingeschlichene Provision muß jetzt schon für die Zukunft gänzlich aufhören, besonders weil diese nicht nur dem Proviso ohne Noth große Kosten verursachet, sondern auch zu vielen Strittigkeiten und Benefizienfischereyen Anlaß giebt.

XVII.

Antwortschreiben ꝛc.

Ad XVI.

Da nur die Herren Erzbischöffe ein solches Indult erhalten, so ist es ebenfalls eine sie angehende Sache, ob die zweyte Provision von dem Päbstlichen Stuhle verlangt werden könne oder nicht: und ob also die Herren Erzbischöffe nicht nur mit einem strengen Recht von ihm fodern können, daß ihnen ein Indultum perpetuum ertheilt werden müsse, sondern auch daß selbigem platterdingen kein Vorbehalt oder Klausul eingeruckt werden möge, will ich dann, so wie in dem vorstehenden Punkt denenselben ebenfalls überlassen. Ad

Emser Punkten.	Antwortschreiben ꝛc.
XVII. Da der Proceſſus informativus bey den neuen Biſchöffen, nach der Vorſchrift der Kirchenverſammlung zu Trient Seſſ. 22. C. 2. de refor. entweder von den Nuntiaturen, oder den Ordinarien, und in Ermanglung dieſer von den nahe gelegenen Biſchöffen geſchehen ſoll, und dermaſſen die Nuntiaturen ohnehin aufhören, ſo iſt mit Ausſchluß derſelben dieſe Tridentiniſche Verfügung in die Zukunft genau zu beobachten; damit ſich aber kein Anſtand ergebe, welcher von den nahe gelegenen Biſchöffen den Proceſſum informativum zu machen hätte; ſo wäre dieſer nach Maaßgabe der ältern Kirchenzucht von dem Conſecratore zu veranſtalten.	**Ad XVII.** Seine Kaiſerliche Majeſtät haben ſelbſt in ihrem oben bereits angeführten Reſcript nicht verlangt, daß die Nuntii gänzlich aufhören ſollen: und ein deutſcher weltlicher Reichsſtand wird ſich das Recht, ſo wie andere Abgeſandte, alſo auch einen Päbſtlichen Nuntium an ſeinem Hofe anzunehmen, nicht benehmen laſſen, wenn nur hierdurch den Biſchöflichen Gerechtſamen kein Eintrag geſchiehet. Da nun der allgemeine Kirchenrath zu Trient eben in der angeführten Seſſ. 22. C. 2. de reform. noch ausdrücklich feſtſetzet: quarum rerum (es iſt die Rede von den Erfoderniſſen zu einem Bißthume) inſtructio . . . a Sedis apoſtolicæ legatis aut ejus ordinario, eoque de-

Antwortschreiben ꝛc.

deficiente, a vicinioribus ordinariis sumatur den sogenannten Processum informativum ausdrücklich auch den Nuntiis gestattet; so kann diese tridentinische Sanktion so platthin nicht aufgehoben, und vernichtet werden. Unter dem nähern Bischoffe, welcher diesen Prozessum zu machen habe, wird in den Emser Punkten der Consecrator bestimmet. Wenn etwa dieser Consecrator, und zwar nach Maaßgabe der ältern Kirchenzucht, wie es heißt, der Erzbischoff seyn solle: so wäre dieses den Bischöffen um so verfänglicher, als sicherer zu vermuthen ist, daß hiedurch die Absicht geheget werde, das ehemalige Consecrationsrecht zugleich wieder hervorzusuchen, und gegen die mehrhundertjährige Observanz und Freyheit der Bischöffe neuerdings einzuführen. Daß es dem Bischöflichen Ansehen nicht angemessen sey, auf diese Art die Abhängigkeit in Rucksicht der Hhr. Erzbischöffen zu vermehren, auch diese Consekration weit kostspieliger zu machen, ist ohnedem ein Gedanke, der sich von selbst hier einstellen muß.

Emser Punkten.	**Antwortschreiben ꝛc.**
XVIII.	Ad XVIII.
Bey den Bischöffen in partibus wird das gewöhnliche Testimonium idoneitatis der Bischöffe, die sie	Die Ernennung der Bischöffe in partibus ist ohnedem eine blos von dem Apostolischen Stuhle abhangende

| **Emser Punkten.** | **Antwortschreiben ꝛc.** |

sie ernennen, und zu Rom vorstellen, statt des erwähnten Prozesses um so mehr hinreichend seyn, als diese die nöthigen Eigenschaften der ernannten am besten kennen müssen.

de Sache: da nun zeither von demselben hierzu auch ein solcher Processus informativus, der doch immer seinen wichtigen Grund hat, verlangt worden, so halte ich dafür, es solle bey der hier obwaltenden Observanz belassen werden.

XIX.

Sowohl das Indultum administrationis, welches vorhin jeweil hat aufgedrungen werden wollen, als die Clausula in temporalibus, in den Wahlbestättigungsbullen, sind in Zukunft ganz unzuläßig, und ist letztere den Gerechtsamen Kaiserlicher Majestät, und des Reichs ganz zuwider.

Ad XIX.

Daß ein kanonisch erwählter Bischof in Deutschland ohne ein besonderes Indult die Administration in spiritualibus übernehme, ist den gemeinen Rechten selbst nach dem Cap. 44. de elect. & elect. potest. gemäß, und eben dieses ist, seine Fürstliche Lande und Regalien betreffend, eine Folge des Vertrags Heinrichs des V. mit dem Pabste Calixt dem II., daß die Bischöffe ferner ihre Reichsfürstl. Lande, und die

Antwortschreiben ꝛc.

die ihnen darüber zustehenden Landesfürstl. Rechte durch die Kaiserliche Inveſtitur erhalten, iſt eben ſo richtig; und daher kann die Klauſul in *temporalibus* in der Confirmationsbulle von dieſen Gegenſtänden nicht verſtanden werden. Den Biſchöffen gebühret aber auch noch nebſtdem die Aufſicht auf die Verwaltung jener geiſtlichen Güter, welche zwar auſſer ihren weltlichen Landen, jedannoch in ihrer Diözes liegen, und wenn dieſe Klauſul nur dieſen Gegenſtand bezielet; ſo iſt ſie nicht nur den Reichsgeſetzen nicht entgegen, ſondern vielmehr ſelbigen, und der Obſervanz ganz angemeſſen. Es möchte alſo anſtatt der gänzlichen Weglaſſung in den Vorſtellungen an den Päbſtlichen Stuhl vielmehr nur auf eine der deutſchen Verfaſſung gemäße Einſchränkung und Erläuterung angetragen werden.

Emſer Punkten.	Antwortſchreiben ꝛc.
XX.	**Ad XX.**
Der vom Papſte Gregor VII. erfundene, und von Gregor IX. den Dekretalen eingeſchaltete Eid der Biſchöffe, welcher mehr auf die Pflichten eines Vaſallen; als den kanoniſchen Gehorſam gerichtet iſt, kann um ſo weniger beybehalten wer=	Iſt es auf ſeine Art nicht zu verkennen, daß der Biſchöfliche Eid, ſo wie die neuere Formel derſelben lautet, in verſchiedenen Ruckſichten auf die heutigen Zeiten nicht mehr paſſend ſey; und alſo eine Abänderung deſſelben zu wünſchen. Hierauf

Unser Punkten.

werden, als die deutsche Bischöffe wirklich darinn dasjenige schwören, was Ihnen in Betracht ihrer Verbindung, mit dem Reiche zu halten, unmöglich ist. Es ist dahero eine neue dem Päbstlichen Primat sowohl, als den Bischöflichen Rechten angemessene Eidesformel einzuführen.

XXI.

Wie sehr die Bißthümer Deutschlandes durch die Annaten- und Palliumsgelder gedruckt werden, zeigen nicht nur die bisher aus Deutschland dieser Ursachen willen nach Rom geschickte unglaubliche Summen Geldes, sondern auch die in vielen Bißthümern dadurch verursachte und angehäufte Schulden. Der Römische Hof hatte zwar selbst das Unbillige dieser Sache in den

Antwortschreiben ꝛc.

auf möchten ebenfalls bey Sr. Päbstlichen Heiligkeit die Vorstellungen mitgerichtet werden.

Ad XXI.

Will ich zwar dahin gestellt seyn lassen, ob die Annaten- und Palliumsgelder vorzüglich die Quelle seyen, woher der Schuldenlast, welcher verschiedene deutsche Kirchen drücket, geflossen, massen andere Bißthümer, welche eben auch diese Annaten bezahlt, und noch dazu wegen ihrer Lage und besondern Umständen ganz ausserordentliche und Millionen übersteigende

Emſer Punkten.

den Aſchaffenburger Konkordaten eingeſehen, und daher die Retaxationen angelobet, aber bis ietzt noch nicht in Erfüllung gebracht. Ob nun gleich die deutſche Nation nicht dagegen ſeyn wird, für die bisherige Annaten - und Palliumsgelder eine gewiſſe Taxe zur Belohnung des damit beſchäftigten Perſonalis zu entrichten, ſo muß dieſelbe dennoch wünſchen und hoffen, daß gedachte Taxe nach dem ungefähren Vermögen der Erz - und Bißthümer binnen zwey Jahren in einer National= Kirchenverſammlung, oder wenn dieſe, wegen allenfallſigen Hinderniſſen nicht zu Stande kommen ſollte, von Sr. Majeſtät dem Kaiſer, und dem geſammten Reiche gemäßiget, und beſtimmt werde. Wollte nun in dieſem Falle der

Antwortſchreiben ꝛc.

de Ausgaben gehabt, auch nur mittelmäſige Einkünften genießen, dennoch nicht nur mit keinen Schulden belaſtet ſind, ſondern auch einen beträchtlichen Vorrath in allen Stücken haben. Unterdeſſen da ſelbſt in den Konkordaten enthalten iſt, daß dem Befund der Umſtände nach die Taxe gemäßiget werden ſolle, ſo bin ich dieſer Ermäßigung gar nicht entgegen. Nur finde ich nicht angemeſſen, daß dieſelbe entweder von einem Nationalconzilium, oder Kaiſer und Reiche ohne alle Ruckſprache mit dem Römiſchen Hofe einſeitig ſo geſchehen könne und ſolle, daß ſelbiger hernach platterdingen dieſe Taxe ſich müſſe gefallen laſſen; da es einen beyderſeits verbindlichen Vertrag betrift, ſo halte ich dafür, daß dießfalls Verhand=

Emſer Punkten.	Antwortſchreiben ꝛc.
der Römiſche Hof die in den Konkordaten zugeſicherte, und ohne daß beſondere kanoniſche Urſachen eintreten, nicht zu verweigerende Confirmation, oder das Pallium abſchlagen, ſo werden die deutſche Erz- und Biſchöffe in der alten Kirchendisciplin ſolche Mittel finden, wodurch ſie mit Beybehaltung der dem Römiſchen Stuhle ſchuldigen Verehrung und Subordination ihr Erz- und Biſchöfliches Amt unter dem Schutze Kaiſerlicher Majeſtät ungeſtört ausüben.	handlungen mit dem gedachten Hofe zu pflegen wären, wo dann die gemäßigte Denkungsart Seiner jetzt regierenden Päbſtlichen Heiligkeit allerdings hierinn eine befriedigende Erklärung dahin hoffen läßt, daß dieſe Taxe auf eine billigmäßige Art ſo feſtgeſetzt werde, welche hernach von beyden Seiten unverbrüchlich zu halten wäre. Wenn die Mittel, wodurch der Päbſtl. Stuhl auch wider ſeinen Willen gezwungen werden ſolle,

XXII.

und worauf hier bey etwaiger Verſagung der Konfirmation gedeutet wird, dahin gemeynet ſeyn ſollten, daß dieſelbe wiederum von den Herren Erzbiſchöffen geſchehen ſolle, ſo wird hiedurch abermal die mehrere Abhänglichkeit der Biſchöffen von den Erzbiſchöffen bezielet, welches dann von keinem Biſchoffe kann gutgeheißen, noch weniger unterſtützet werden.

D   Ad

Emſer Punkten.

XXII.

Alle Gegenſtände, welche nach der deutſchen Reichs- und der alten Kirchenobſervanz zu der geiſtlichen Gerichtsbarkeit gehören, müſſen

a) In der erſten Inſtanz vor die nach der Verfaſſung einer jeden Diözes beſtehende geiſtliche Gerichte gebracht werden, und gehen im Berufungsfall, von dem Biſchoffe unmittelbar an die Metropolitangerichte.

b) Die Päbſtliche Nuntii dörfen ſich in keine Sache, weder in der erſten, noch in den folgenden Inſtantien, wie oben ſchon erwähnt worden iſt, einmiſchen, dieſem zufolge werden

c) Die Erz- und Biſchöffe beſorgt ſeyn, daß ihre geiſtliche Gerichtsſtellen mit erfahrnen geprüften,

Antwortſchreiben ꝛc.

Ad XXII.

Daß ad a) die Biſchöfliche erſte Inſtanz nicht beeinträchtiget werde, iſt den ungezweifelten Rechten und Obſervanz gemäß: es iſt aber weder unter meiner, weder unter den Regierungen meiner Vorfahrer bekannt, daß entweder der Römiſche Hof, oder die Nunziaturen Eingriffe in das Recht der erſten Inſtanz verſucht hätten. Ad b) das Recht der zwoten betrift einzig die Herren Metropolitanen. Daß in dieſer in einigen Diözeſen Deutſchlands, und ins beſondere in der Würzburgiſchen die Obſervanz vorwalte, daß entweder an die Köllniſche Nunziatur, oder an das Erzbiſchöfliche Vikariat die Berufung ergehen könne, bezeugt der berühmte

Ka-

Emſer Punkten.

ten, und rechtſchaffenen Männern beſetzt, und denſelben eine nach den kanoniſchen Geſetzen ſowohl, als der im Reiche üblichen Praxis abgefaßte Gerichtsordnung, wo ſolche noch nicht iſt, vorgeſchrieben werde, damit die geheiligte Juſtitz auf keinerley Art zum Nachtheile der ſtreitenden Parteyen gehindert, oder verletzt werde.

d) Geſchieht von dieſen weitere Berufung an den Römiſchen Stuhl, ſo iſt dieſer verbunden, zur dritten Inſtanz Judices in partibus, und zwar Nationalen zu geben, und werden dieſe nach Vorſchrift des Conziliums zu Trient gehörig beſtimmt, und darauf zu Rom namhaft gemacht werden.

e) Noch dienlich- und zweckmäßiger aber würde ſeyn,

Antwortſchreiben ꝛc.

Kanoniſt Bartel. Ob und wie nun dieſe auf der gedachten Obſervanz zu beſtehen gedenken, oder nicht, überlaſſe ich ihnen. Ueberhaupt aber muß ich hier den Wunſch beyfügen, daß die Verfahrungsart der Erzbiſchöflichen Vikariaten mehr dem Biſchöflichen Anſehen und Gerechtſamen angemeſſen, und ſo beſchaffen ſeyn möge, daß hiedurch nicht ſelbſt den Biſchöffen zu gerechten Beſchwerden Anlaß gegeben, und eine andere Inſtanz erwünſchlicher werden möchte. Es iſt unleidentlich, wenn aus gegründeten Urſachen der Biſchoff die Sache an die Erzbiſchöflichen Vikariaten nicht für geeignet anſieht, dieſe ſich dem ungeachtet nicht nur für kompetent zu erklären, ſondern auch hernach, obſchon Päbſtliche Dehortatorien an

D 2 ſie

Emser Punkten.

seyn, wenn sich jeder Erzbischoff angelegen seyn ließe, in seiner Provinz mittels zu pflegender Kommunikation mit den Herren Suffraganen ein einziges Provinzialsinodalgericht zur dritten Instanz zu errichten, und dahin alle Causas appellationis zu weisen.

Der Erzbischoff könnte bey diesem Gericht den Direktor und einige Beysitzer, und jeder Suffraganeus einen auch zwey Beysitzer ernennen, und auf seine Kosten erhalten.

Antwortschreiben ꝛc.

sie ergangen, in der Sache fürzufahren anmaßen: so wie bereits unter des Herrn Kardinal von Schönborn Regierung geschehen zu seyn, die Beylage erweißlich macht. Durch dieses einzige werden die Bischöffe platterdings der Willkühr eines solchen Vikariats in allen ihm beliebigen Fällen, und zwar ohne alles Mittel, da man den weitern Rekurs erschweret, oder nicht achtet, und bey der immer mehr zur Absicht genommenen Heruntersetzung des Päbstl. Stuhls nicht zu achten braucht, untergeordnet. Von andern Beschwerden sowohl unter der Regierung meines unmittelbaren Herrn Vorfahrers, als auch der Meinigen gedenke ich hier nichts weiters anzuführen.

Ich

Antwortschreiben ꝛc.

Ich bin aber von der Billigkeit Euer ꝛc. überzeugt, daß Hochdieselbe so etwas ganz und gar nicht zu billigen gedenken, und habe also kein Bedenken Euer ꝛc. meinen weitern Wunsch dahin zu äußern, daß es Denenselben bey dieser Gelegenheit auch gefällig seyn möge, Dero Vikariat in die gehörige Schranken zurück zu weisen, und insbesondere demselben, um allen Beschwerden fernerhin vorzubeugen, gemessenst aufzugeben, daß selbiges 1) so wie es den gemeinen Rechten selbst gemäß, keine Appellationen annehme in Disciplinarsachen unter dem Vorwande des Excessus modi. 2) Die Person des Bischoffs betreffend, so wie es ebenfalls den gemeinen Rechten gemäß. 3) Vorzüglich, wenn die Frage di- oder indirekte von einem in dem Umfange der hierarchischen Gewalt, welche selbst in den Emser Punkten als unumschränkt angegeben wird, enthaltenen besonderen Recht ist, oder dorthin sich auflöset, und wo sich also das Erzbischöfliche Vikariat anmaßen würde, durch Verfügungen, oder auch in Gestalt eines Urtheils die Bischöfliche Gewalt entweder zu zernichten, oder doch einzuschränken, welches dieses Vikariat gewißlich dem Römischen Hofe nicht gestatten, und dorthin eine anmaßliche Appellation anerkennen würde, und wo auch dessentwegen in weltlichen Gegenständen gegen die Reichsgerichte selbst der Rekurs an den Reichstag gegründet wäre. 4) In ganz geringfügigen Geldsachen, besonders da keine Summa appel-

Ad

Antwortschreiben ꝛc.

Ad c) Daß die geistlichen Gerichte mit solchen tüchtigen Männern besetzt seyn sollen, ist ganz recht und heilsam: auch ist es allerdings gut, daß bey denselben auf die Reichspraxis mit gesehen werde. Meines Orts habe ich eine verbesserte Prozesordnung vor mehreren Jahren erlassen, und dieselbe auch meinem Vikariate zu beobachten vorgeschrieben. Gleichwie aber eben in den Reichsgesetzen eine Summa appellabilis festgesetzt ist, so sollte dieses auch bey den geistlichen Gerichten geschehen, und zwar um so mehr, da mir aus den Protokollen meines Vikariats bekannt ist, daß Appellationen angenommen werden, wo die Kosten die geringfügige Summe selbst ziemlich überstiegen haben.

Ad d) Daß von dem Römischen Hofe auf Verlangen der Partheyen Judices delegati ernannt werden, ist den Konkordaten gemäß; allein dieselbe müssen auch gehalten seyn, diese Delegation anzunehmen, und sie nicht so, wie mich Beyspiele lehren, unter allerhand Vorwand ausschlagen können, indem es sonst höchst beschwerlich wäre, endlich einen aufzufinden, der diese Delegation anzunehmen geneigt wäre.

Ad e) Dem Vorschlage wegen eines zu errichtenden Provinzialsynodalgerichts anstatt der dritten Instanz, kann ich aus nachstehenden Gründen nicht beytreten. Der Herr Erzbischoff würde erstens nebst dem Direktorio

Antwortschreiben ꝛc:

rio noch zwey Beysitzer zu ernennen haben, und also nach der zweyten Erzbischöflichen Instanz auch die dritte eine Erzbischöfliche seyn, welches um so mehr jene Provinzen trift, wo nur wenige Suffraganbischöffe sich befinden. Zweytens, würde hierdurch aller Rekurs an den Apostolischen Stuhl fast aufgehoben seyn, und auch jenen Parteyen, welche diesen ihrer Sache und Umständen annehmlicher fänden, ganz abgeschnitten werden, welches mir weder räthlich, weder thunlich zu seyn scheinet. Drittens, sind selbst die weltliche Reichsstände, auch verschiedene protestantische hiebey vorzüglich mit interessiret, wenn die Rede davon ist, was für eine letztere Instanz ihre katholischen Unterthanen in den zu den geistlichen Gerichten geeigneten Gegenständen haben sollen. Es würde also etwas ohne Miteinwilligung derselben nicht durchzusetzen seyn, und hierdurch würden nothwendig noch weit aussehende Schwierigkeiten erreget werden. Was für politische Rücksichten, wenn einmal ein solches ständiges Korpus errichtet wäre, auf Seiten der weltlichen eintretten müssen, werden einem hierüber denkenden ohnedem nicht entgehen. Es würde viertens dieses Sinodalgericht, den Diözesen mehrere und schwerere Kösten verursachen, auch die brauchbarste Männer von anderen ihrem Bißthume zu leistenden unmittelbaren wichtigen Diensten entfernen. — Da es vermuthlich die Meynung haben möchte, daß dieses Sinodalgericht in der Erzbischöflichen

Resi=

Antwortschreiben ꝛc.

Residenzstadt seinen Sitz haben sollte, so würden zwar diese Kösten Erzbischöflicher Seits gesparet, dadurch aber der Einfluß von dieser Seite noch mehr vermehrt werden. — Man würde fünftens die Bischöfliche Beysitzer in sein Interresse einzuflechten, — auch Grundsätze, die eben den Bischöflichen Gerechtsamen nicht allerdings günstig, ihnen annehmlich zu machen, oder gar in seine Dienste zu ziehen, Mittel und Wege genug haben. — Da endlich hiedurch ein in den Konkordaten selbsten enthaltener Punkt abgeändert werden sollte, so könnte es nicht ohne Mitbeystimmung der beyden paciscirenden Theile geschehen.

Emser Punkten.	Antwortschreiben ꝛc.
XXIII.	**Ad XXIII.**
Werden die Erz- und Bischöffe Deutschlands unter dem allermächtigsten Beystand Kaiserl. Majestät in den Besitz dieser durch göttliche Anordnung ihnen zukommenden Gerechtsamen wieder eingesetzt, und von den Hauptbeschwerden gegen die Römische Kurie befreyet seyn; so sind sie als-	Scheint der Eingang besagen zu wollen, daß sowohl die Bischöflichen, als Erzbischöflichen Rechte einen göttlichen Ursprung zum Grunde haben: — dieses letztere wird aber wohl, wenn die Worte diesen Sinn haben sollten, den Verfassern dieser Stelle, kein genugsam unbefangener

Emser Punkten.	**Antwortschreiben ꝛc.**
alsdann erst vermögend und wirklich entschlossen, die Verbesserung der Kirchendisciplin durch alle ihre Theile nach gemeinschaftlichen Grundsätzen, alsbald vorzunehmen, wegen besserer Einrichtung der Seelsorge, Stifter und Klöster das Nöthige zu verordnen, und die bisher dabey eingeschlichenen Mängel und Mißbräuche aus dem Grunde zu heben. Uebrigens, da das Concordatum Aschaffenburgense von seiner Entstehung her selbst, als eine der größten Beschwerden der deutschen Nation gehalten, und die Bischöffe dadurch in der Ausübung ihrer ursprünglichen Rechte merklich gehindert worden, dasselbe auch nur auf eine Zeit lang bis zum nächstgehofften Conzilium eingegangen, auf der erst ein Jahrhun=	ner zugestehen. — Die Wegraumung der bey den Seelsorgern, Stiftern, und Klöstern eingeschlichenen Mißbräuche setzen die gedachte Verfasser bis dahin aus, bis die Bischöffe nach ihrer Denkungsart in ihre ursprüngliche Rechte wiederum eingesetzt seyn werden; allein ich meyne, es liegen so verschiedene Mißbräuche auf der platten Hand, welche auch auf die gegen den apostolischen Stuhl angesprocheneRechte keinen Bezug haben, die aber bey der jetzigen Lage ein Bischoff nicht ausrotten kann, wenn er sich nicht unübersehlichen Appellationen und Weitläuftigkeiten aussetzen will, daß es einen solchen Verschub nicht eben nöthig gehabt hätte, die Einleitung der hierinn so heilsamen Verbesserung mit

D 5 Ab=

Emſer Punkten.	Antwortſchreiben ꝛc.
hundert nach her gehaltenen Kirchenverſammlung von Trient, aber die zugeſicherte Abhilfe nicht erfolgt iſt, ſo iſt es ein nicht minder angelegenheitlich = als allerdevoteſter Wunſch für die deutſche Nation, daß Se. Kaiſrl. Majeſtät, als allerhöchſtes Reichsoberhaupt, bey dem Päpſtl. Stuhle dießfalls ins Mittel zu tretten, das in gedachtem Conkordat als eine weſentliche Bedingniß verſprochene Conzilium wenigſtens nationale, durch allerhöchſte Verwendung längſtens in zwey Jahren zur endlichen Hebung aller dieſer Beſchwerden zu Stande zu bringen, und wenn auch dießfalls noch immer die bisherige Hinderniſſe ſich in Weg legen ſollten, durch Reichs = verfaſſungsmäßige Vorkehrungen die ſo unentbehrliche Erleichterung allerhuld=	Abſchneidung nur gedachter Weitläuftigkeiten ſogleich zu treffen. — Was übrigens von der Abänderung, oder Aufhebung der Konkordaten zu Aſchaffenburg geſagt wird, ſo gehöret dieſes, wie ich bereits mehrmalen angemerkt, nicht auf ein Nationalconzilium, ſondern vor den Kaiſer, und aber auch zugleich den ganzen mitbefangenen Reichstheil, allwo, wenn an dem gehörigen Orte die Sprache hievon ſeyn wird, ich auch das weitere äußern werde, und nur ſoviel dahier bemerke, daß es alsdann vorzüglich darauf ankommen wird, ob die den Biſchöffen zurückgegebene Päbſtliche Monaten, die wieder eintretten ſollende Erzbiſchöfliche Gerechtſame aufwiegen, und ſie alſo einen wahren Vortheil von dieſer Aenderung haben werden. Euer

Emser Punkten.

huldreichest zu verschaffen, geruhen möchten.

Vorstehende Punkten haben Endesunterzeichnete reiflich erwogen, einhellig beschlossen, und nach vorgelegten allseitigen Vollmachten, Namens ihrer Kommittenten, unter Beydruckung ihrer gewöhnlichen Insiegel eigenhändig unterschrieben. Baad Embs den 25. Aug. 1786.

Valentin Heimes, Sr. Kurfürstl. Gnaden zu Mainz Weihbischof und geheimer Staatsrath.

(L.S.)

Georg Heinrich von Tautphaeus, Sr. Kurfürstl. Durchl. zu Köln geistl. gehelm. Rath.

(L S.)

Joseph Ludwig Beck, Sr. Kurfürstl. Durchl. zu Trier geistl. Rath und Official.

(L.S.)

Joh. Mich. Boenike, Erzbischöfl. Salzburgis. Consistorial-Rath.

(L.S.)

Antwortschreiben ꝛc.

Euer ꝛc. habe ich diese meine Gedanken von den Emser Punkten, so wie sie mir von Hochdenenselben mitgetheilt, und demnächst öffentlich bekannt worden, ohne Rückhalt also vorgelegt, wie ich sie nach meiner Ueberzeugung den Grundsätzen des natürlichen und positiven Rechts, der Billigkeit, dem Reichssystem, den übrigen verschiedenen hier zusammentreffenden und öfters sich durchkreuzenden Rücksichten, den Zeitläuften, den allerseitigen Verhältnissen, der etwa thunlichen Ausführung am gemessensten zu seyn erachtet, wobey ich anderen ihre etwaige entgegengesetzte Meynungen gern überlasse.

Uebrigens da Ihre Kaiserliche Majestät anverlangt haben, daß über die Gegenstände des Emser Kongresses

Antwortschreiben 2c.

ses mit den Bischöffen und betreffenden Landesherren Kommunikation gepflogen werden solle, so glaube ich, es seye diesem Allerhöchsten Begehren entsprechend, und ich habe mich auch dahero veranlasset befunden, diese meine Gesinnungen anderen Bischöffen und mitbetheiligten Reichsständen ohne Anstand mitzutheilen, womit verbleibe 2c.

Abschrift
C. P. C.

Unsern 2c. die Päbstliche Nuntiatur, und wegen Benachrichtigung derselben Annehmung in unsern Staaten Euch schon zugegangene gnädigste Weisung hat einzig und allein die Wohlfahrt unserer Unterthanen und heilsame deren Beförderung zu ihrem Gegenstande. Da zufolge dieser Gesinnungen erwähnte Nuntiatur zu mehrerer Erleichterung der Angelegenheiten eines jeden und Ersparung der Kösten um Ernennung eines Commissarii, bey welchem die Gesuchen und Anlagen eingegeben, und durch den nicht nur solche an jene eingeschickt, sondern auch die darauf ergehende Fertigungen den Supplikanten zugestellt werden mögen, angetragen, und abschriftlich anverwarte Instruktion für ihn aufgestellt hat, wie auch ein und anderes zu genehmigen bewogen, und unsern Churpfälzischen geheimen und geistlichen Administrationsrath Tit. Philipp von Hert-

Hertling auserſehen haben; als laſſen es Euch unter dem gnädigſten Befehl anduch ohnverhalten ſeyn, Ihr ſollet gedachtem von Hertling die Nachricht davon zu Unterziehung dieſes Geſchäffts mit Ausſchließung beykommender Urſchrift gedachter Inſtruktion ertheilen, und wie darunter die Abſicht an unſer und Päbſtlicher Seite weit davon entfernt iſt, daß die weltliche Gerichtsbarkeit irgend auf einige mindeſte Weiſe turbirt, und die Erz- und Biſchöflichen Rechte gekränket werden, alſo erſagten Kommiſſarium eines Theiles in der Ausübung ſeines Auftrages ſchützen, andern Theils aber auch ihm einbinden, weder einige Bittſchrift anzunehmen, oder ſonſtigen durch die Reichsgrundgeſetze und unſere Landesfürſtliche Verordnungen verbothenen Rekurs in weltlichen Sachen an- oder in andern weis nicht was unſern Landesfürſtlichen Hoheitsbefugniſſen, und daraus fließenden Juribus placiti nachtheiliges vorzunehmen, noch mit den nach den Schlüſſen des Tridentiniſchen Kirchenraths- und Konkordaten zur Nuntiatur ungeeigneten Fällen ſich abzugeben, und dadurch unnöthige Beſchwerden zu veranlaſſen. Wobey Wir euch im übrigen verbleiben. München den 5ten Nov. 1786.

An
Churpfälziſche Regierung
& mut. mutand.
Jülich und Bergiſchen geheimen Rath
alſo ergangen.

Venc-

Venerabili Fratri Lothario Francifco Moguntino S. R. E. Principi Electori.

BENEDICTUS P. P. XIII.

Venerabilis Frater falutem &c. Quas affidue fufcipimus pro vindicanda facrorum Canonum difciplina moleftiffimas curas, non leve fibi folatium adjungunt, cum a fraternitate tua remedium exfpectare debemus, atque in zelo juftitiaque tua fiduciam collocamus. Quoniam igitur dilectus filius nofter Damianus Hugo S. R. E. Cardinalis de Schœnborn Epifcopus fpirenfis queftus eft de nimia facilitate curiæ tuæ metropolitanæ in excipiendis fubditorum fuorum appellationibus, tamque ut in caufis presbyterorum Nicolai Henrici Wagner, Francifci Henrici Hahn, Andreæ Hoffmann, Bernardi Gœck, & Joannis Lambertz perfpicuam faceret neceffaria ad nos documenta transmifit. Nos autem cum nihil, nifi utraque parte audita decernere deceat, fraternitati tuæ fedulo injungimus; ut quidquid ad tuenda in caufis antedictis acta & decreta epifcopalis iftius curæ idoneum & oportunum reputaverit, ad nos mittat. Poft libratas enim excuffasque partium rationes, quod æquum effe cenfuerimus, rite & ordine definiemus, cæterum novit præ cæteris fraternitas tua appellationes ad innocentium tutelam; non ad reorum impunitatem effe inftitutas, atque a facro tri-

den-

dentino confilio plerisque in cafibus effe conftitutum, ne appellationes recipiantur, nifi prius mandàtis judicis aut prælati fui paruerit is, qui caufæ fuæ patere putat in appellatione perfugium. Tibi præterea, venerabilis frater, latere non poffunt decreta Fel. recor. Clementis P. P. VIII. prædeceſſoris noftri anno 1600. edita, quæ nuper ad calcem noviffimi concilii romani in Lateranenfi Bafilica a nobis celebrati adjecta funt, nonnullis additamentis aucta ad appellationum ufum & inhibitiones, quæ inde emanare folent ordinandas, quarum omnium obfervantiam diftricte requirimus & mandamus. Dum autem alacris obedientiæ tuæ erga nos & hanc fanctam fedem atque erga facras regulas digna ordini tuo zeli argumenta præftolamur, tibi, venerabilis frater, apoftolicam benedictionem impertimur. Datum Romæ die 16. Augufti 1727.